INHALTSVERZEICHNIS

KLEINE GERICHTE

SUPPEN

HAUPTGERICHTE

DESSERTS UND KUCHEN

FÜR DEN KINDERGEBURTSTAG

Hanna-Barbera

Feuersteins Kochbuch

Franz Schneider Verlag

MASSE, GEWICHTE UND KOCHZEITEN

Wir verwenden nur die neuen, deutschen Maße in den Rezepten. In der Steinzeit nahmen sie es damit nicht so genau. Liter (l), Milliliter (ml), Kilo (kg), Gramm (g).

Mit „1 Tasse“ ist eine große gemeint. Bei Flüssigkeiten entspricht dies 250 ml. Bei Mehl zum Beispiel 110 g.

In manchen Rezepten werden scharfe Gewürze verwendet, und die Menge in Eßl. = Eßlöffel oder Teel. = Teelöffel angegeben. Steht da zum Beispiel 1/2 Teel., darfst du auf keinen Fall mehr nehmen. Gewürze sollen den Geschmack eines Gerichts verstärken, nicht verderben.

Rechne damit, daß die Koch-, Brat- und Backzeiten in den Rezepten nur ungefähre Zeitangaben sind. Herde und Backöfen können sehr unterschiedlich sein – und das gleiche gilt für die Zutaten. Ist es frisches oder tiefgefrorenes Gemüse? Ist das Mehl weiß oder Vollkornmehl? Sind die Eier groß oder klein? Das alles hat Einfluß auf die Zubereitungszeit, deshalb mußt du immer dabeibleiben und achtgeben.

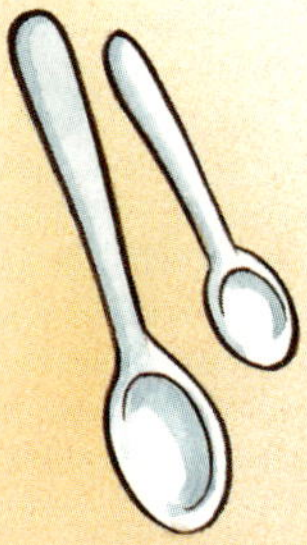

BEVOR DU ANFÄNGST

Fred untersucht in der Küche normalerweise nur den Inhalt des Kühlschranks. Wenn es ums Kochen geht, hat Wilma das Sagen. Und Fred kann damit wohl zufrieden sein, denn die Küche ist immer sauber und aufgeräumt, wenn das Essen fertig ist. Hier sind einige ihrer einfachen Regeln, um ein Chaos in der Küche zu vermeiden.

DIE ZUTATEN
Wenn du ein Rezept ausgewählt hast, mußt du es ganz genau durchlesen. Finde heraus, welche Zutaten bereits im Haus sind, und welche du noch besorgen mußt. Mach dir eine Liste. Es ist ärgerlich, wenn man während des Kochens plötzlich feststellt, daß das wichtigste Gewürz fehlt.

DIE KÜCHENGERÄTE
Schau nach, ob du alle Schüsseln, Töpfe, Pfannen, Messer, Siebe, Schneidebretter usw. hast, die du für das Rezept brauchst. Wenn du dir bei einem Nachbarn etwas ausleihen mußt, erledige das auf jeden Fall, bevor du anfängst.

SAUBERKEIT
Die Tischplatte, Küchengeräte, der Herd und deine Hände müssen blitzsauber sein. Das gleiche gilt für Spüllappen, Geschirrtücher usw. Messer und Schneidebretter werden sofort nach dem Gebrauch abgespült. Schrubbe sie gründlich, wenn du Geflügel, rohes Fleisch oder Fisch geschnitten hast.

Gehe sehr vorsichtig mit Messern um. Verwende keine, die so groß sind, daß du sie nicht ordentlich halten kannst. Paß auf deine Finger auf, wenn du etwas schneidest oder hackst. Verwende immer Grillhandschuhe oder Topflappen, wenn du am Herd oder Backofen arbeitest. Stelle einen Untersetzer bereit, damit du schnell einen heißen Topf oder eine Pfanne vom Herd nehmen kannst. Den Grill läßt du dir von einem Erwachsenen anzünden. Beim Grillen kannst du dich nicht immer nach den angegebenen Zeiten richten. Bleibe beim Grill und paß auf, daß nichts verbrutzelt. Verwende eine Schürze und Grillhandschuhe und wende das Fleisch jede Minute mit einer langen Gabel.

ORDNUNG
Alles, was du verwendet hast, muß saubergemacht werden. Auch die Arbeitsplatte und der Herd. Und natürlich mußt du abwaschen und alles an seinen Platz zurückstellen. Das beste ist, du erledigst das meiste schon während des Kochens. Jedesmal, wenn du eine Schüssel, ein Messer, eine Tasse usw. verwendet hast, spülst du sie ab und räumst sie zurück an ihren Platz.

URZEITROLLEN

FÜR DIE PAUSE

Für 10 Urzeitrollen brauchst du:
200 g Mehl
1 Teel. Salz
200 ml Wasser
3 Eier
Fett zum Braten

Für die Füllung kannst du nehmen:
Fleisch oder Wurstreste
1 Zwiebel
1 Mohrrübe
1 grüne Paprikaschote
150 g Champignons
Chinakohl oder Eissalat

JABBA DABBA DOO!
Endlich Mittagspause. Was Wilma mir wohl mitgegeben hat? Mmmm ... Urzeitrollen!

Mische das Mehl und das Salz, rühre das Wasser darunter und schlage die Eier hinein. Während der Teig ruht, gibst du in eine Schüssel ein wenig von allem möglichen. Das kann ein Rest Schinken oder Hähnchenfleisch vom Vortag sein, dazu 1 Zwiebel, eine Mohrrübe, 1 Paprikaschote, einige Champignons und eine Handvoll Chinakohl oder Eissalat. Alles wird fein geschnitten und in einer Pfanne mit Butter gedünstet.

Brate die Pfannkuchen auf einer Seite und lege sie zum Abtropfen zur Seite. Auf die gebratene Seite gibst du einen großen Löffel Füllung. Dann wird der Pfannkuchen zusammengerollt. Verwende evtl. Eiweiß als Bindemittel. Die Rollen werden in der Pfanne oder in der Friteuse gebraten, bis sie schön goldbraun sind.

Tip: Wenn du keinen feuerspeienden Drachen hast, kannst du die Urzeitrollen im Backofen oder in der Mikrowelle aufwärmen.

AMERIKANISCHER SALAT

BENANNT NACH DEM SPÄTER SO BERÜHMTEN CÄSAR

Für 4 Portionen brauchst du:

1 kleinen Eissalat
4 Scheiben Toastbrot
1 Ei
1 Dose Sardellen
50 g geriebenen Käse
6 Eßl. Olivenöl
1 Knoblauchzehe
1/2 Zitrone
Salz und Pfeffer

Warum dieser herrliche Salat nach dem römischen Kaiser benannt wurde, dafür gibt es wohl keine Erklärung. Er war schon im amerikanischen Steinzeitalter sehr beliebt.

Presse die Knoblauchzehe, und vermenge sie mit der Hälfte des Öls. Die Brotscheiben werden in kleine Würfel geschnitten und in dem restlichen Öl knusprig gebraten. Wasche und trockne die Salatblätter und lege sie in eine Schüssel. Die Sardellen zerdrücken und mit dem Knoblauchöl vermischen. Das Ei wird ein paar Minuten gekocht, so daß es fast noch roh ist. Schlage es über den Salat, wenn es kalt ist. Gib den Käse und die Brotwürfel dazu und vermische alles gründlich. Schmecke den Salat mit Zitronensaft, Salz und frisch gemahlenem Pfeffer ab.

Ein kaiserliches Erlebnis!

MAISSUPPE

EINE LEICHTE VORSPEISE, DIE DEN SCHLIMMSTEN HUNGER STILLT

Für 4 Portionen brauchst du:

100 ml Maisöl
350 g Maiskörner (evtl. tiefgefroren)
1 Dose gehackte Tomaten
1 feingehackte Zwiebel
1 feingehackte grüne Chili
1 gehackte Paprikaschote (rot, grün oder je eine halbe)
1/2 l Hühnerbrühe
1/4 l Milch
Petersilie

Zwiebel und Chili in einem Topf in dem Öl andünsten. Sie dürfen nicht braun werden. Gib die Hühnerbrühe, Milch und Paprika dazu und lasse die Suppe aufkochen. Wenn sie dir zu dick erscheint, kannst du sie mit ein wenig Wasser verdünnen. Hitze zurückdrehen, die Maiskörner und die gehackten Tomaten dazugeben und die Suppe 20 Minuten köcheln lassen. Serviere sie mit einem kleinen Büschel Petersilie auf jedem Teller.

SCHINKENSUPPE

MIT GEMÜSE UND KARTOFFELBROT

**Hier ist Bettys Rezept
für 4 Personen
(oder gerade mal für drei,
wenn eine davon Fred ist).
Das brauchst du:
1/2 kg mageren Räucherspeck
1 1/2 l Wasser
6 mittelgroße Kartoffeln
2 Stangen Lauch
3 Mohrrüben
1/4 Sellerie
1 Kräutersträußchen
(Petersilie und Thymian)
200 g Erbsen
feingehackte Petersilie zum
Bestreuen.**

„Weißt du was? Mir ist kalt, Fred!“ sagte Barney. Unsere Freunde hatten einen langen, kühlen Tag im Steinbruch hinter sich, und die Autos ließen sich zu jener Zeit noch nicht so gut heizen.
„Komm mit zur mir, ich weiß, daß Betty heute Schinkensuppe und Kartoffelbrot macht.“ – „YABBA DABBA DOO!“ rief Fred und drückte das Gaspedal bis zum Anschlag durch.

**Das brauchst du:
1/4 kg gekochte Kartoffeln, gerieben, durch den Fleischwolf gedreht oder zerstampft
1/2 kg Mehl
1 Eßl. Zucker
1 Ei
300 ml Milch
25 g Hefe
50 g Butter
1 Teel. Salz
(Das Brot ist bei 200° C nach 1/2 Stunde gebacken.)**

Schneide den Speck in kleine Würfel und brate sie in dem Suppentopf. Wenn das Fett ausgebraten ist, nimmst du sie wieder heraus. Schneide die Kartoffeln, Mohrrüben, Lauch und Sellerie in kleine Stücke und schwitze sie in dem Speckfett. Gib das Wasser und das Kräutersträußchen dazu und koche die Suppe ca. 20 Minuten. Nimm das Kräutersträußchen heraus, erwärme die Erbsen in der Suppe und schmecke mit Salz und Pfeffer ab. Verteile die Speckwürfel in die gefüllten Teller und streue vor dem Servieren die Petersilie über die Suppe.

DINO-FRIKADELLEN

IN CHILISOSSE

Für 4 Portionen brauchst du:

500 g gemischtes Hackfleisch	**1 Teel. getrocknete Minze**
1/2 Tasse gekochten Reis	**2 Dosen geschälte Tomaten**
200 ml Fleischbrühe	**2 Knoblauchzehen**
1 Ei, 1 grünen Chili	**1 Zwiebel, 2 Eßl. Öl**

Wenn du kein Saurierfleisch auftreiben kannst, nimm für dieses herrliche Gericht gehacktes Rind- und Schweinefleisch.

Die Eier, die Minze und der feingehackte Chili werden mit dem Schneebesen verrührt. Diese Mischung mit dem Hackfleisch, Reis und ca. der Hälfte der Fleischbrühe vermengen. Rühre, bis der Fleischteig so fest ist, daß du kleine Frikadellen daraus formen kannst. Gib die geschälten Tomaten in einen Topf und dazu die fein gehackte Zwiebel und die Knoblauchzehen. Gieße die restliche Fleischbrühe dazu und bringe die Soße zum Kochen. Lege die Frikadellen in die Soße und koche das Gericht bei schwacher Hitze ca. 20 Minuten. Direkt aus dem Topf mit viel Reis als Beilage servieren.

SCHINKENKARTOFFELN

UND MAISSALAT

Das brauchst du:
4 große Kartoffeln
3 kleingeschnittene Tomaten
100 g mageren, geräucherten Speck (gehackt und knusprig gebraten)
1 Eßl. Öl
Salz und Pfeffer
4 Eßl. Joghurt
1 Bund Schnittlauch

Kartoffeln waschen, abtrocknen, mit Öl bepinseln und mit Salz und Pfeffer bestreuen. Wickle jede in ein Stück Alufolie und lege sie eine Stunde in die Grillkohle oder in den Backofen bei 225 °C. Packe sie aus und schneide eine Kappe ab. Höhle die Kartoffeln mit einem Teelöffel aus und paß dabei auf, daß du die Schale nicht beschädigst. Vermische die Kartoffelmasse mit dem Speck, den Tomaten und den Kräutern und fülle sie wieder in die Schalen. Packe die Kartoffeln wieder ein und backe sie eine weitere Viertelstunde. Die Kartoffeln werden mit einem Eßlöffel Joghurt und etwas Schnittlauch obendrauf serviert.

MAISSALAT

Für 4 Portionen brauchst du:

1 Dose abgetropfte Maiskörner
2 Eßl. kleingeschnittene Oliven
2 Eßl. gehackten roten Paprika
25 g milden Käse in kleinen Stücken
4 Eßl. Salatsoße aus gleichen Teilen Apfelsaft, Olivenöl und Zitronensaft

Ja, für Fred sind die gebackenen Schinkenkartoffeln nur eine leckere Beilage. Aber für viele andere ist es eine komplette Mahlzeit, die man mit frischem, kaltem Maissalat genießen kann.

Mais, Oliven, Paprika und Käse in einer großen Schüssel vermischen. Die Salatsoße darübergießen, die Schüssel abdecken und eine Viertelstunde kühl stellen. Kurz vor dem Servieren den Salat noch einmal gründlich mischen, damit die Soße gleichmäßig verteilt wird.

VOLLKORN-PIZZA

SO RICHTIG SCHÖN HERZHAFT

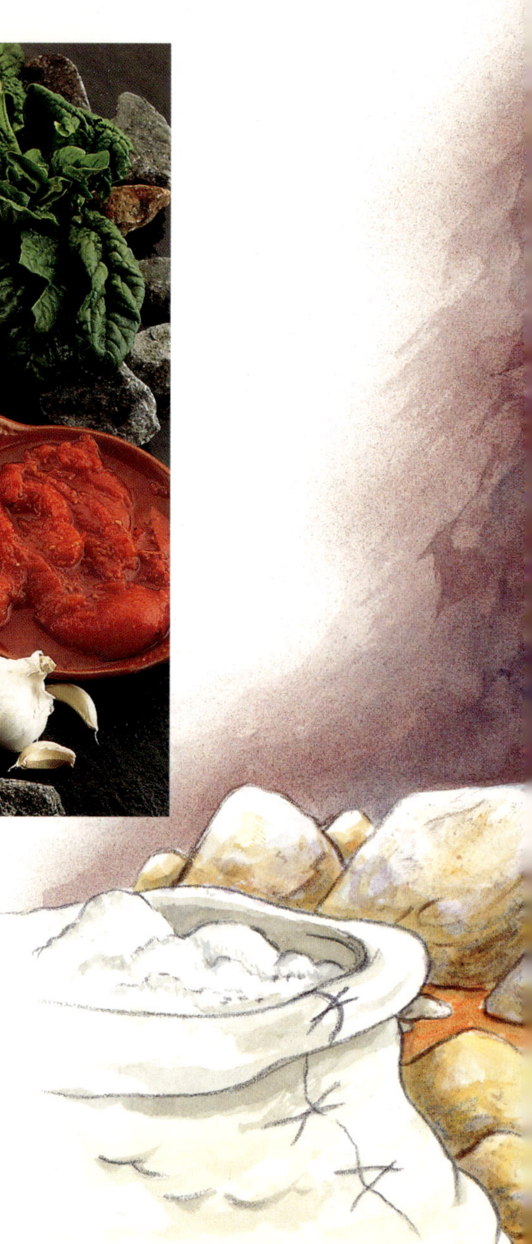

Vermische das Mehl mit Pfeffer und Margarineklümpchen. Löse die Hefe in der lauwarmen Milch auf und verrühre alles zu einem Teig, der ca. 5 Minuten geknetet wird. Bedecke den Teig mit einem feuchten Tuch und lasse ihn ca. 1 Stunde an einem warmen Ort gehen.

Dünste die gehackte Zwiebel in dem Öl und gib den Speck dazu. Schütte die Mischung in eine Schüssel und lasse sie abkühlen.

Den Spinat abspülen, die Stiele entfernen und Minuten in kochendes Wasser legen. Gib evtl. ein wenig Zitronensaft dazu. Trockne den Spinat in einem Geschirrtuch.

Der Teig, der nach dem Gehen ca. doppelt so groß ist, wird 1 Minute geknetet und zu einer runden Platte ausgerollt, die so groß ist wie die Breite des Backblechs. Lege sie auf Backpapier und bedecke sie mit dem Spinat. Darauf kommt eine Schicht aus Speck mit Zwiebeln, darauf die Tomaten und zum Schluß Käse und Oliven. In der Mitte des Backofens eine knappe halbe Stunde bei 200 °C backen.

Wenn du keinen Küchenwecker wie Wilma hast, verwende eine Eieruhr. Es ist wichtig, daß die angegebenen Garzeiten eingehalten werden.

Das brauchst du für den Belag:
(Im Prinzip können alle Arten von Wurstresten und Gemüse als Pizzabelag verwendet werden, aber in der Steinzeit bevorzugte man folgende Zutaten):

50 g in kleine Würfel geschnittener magerer Speck
450 g frischen Spinat
1 feingehackte Zwiebel, 2 Eßl. Öl
1/4 kg in Scheiben geschnittene Tomaten
50 g halbierte schwarze Oliven
75 g milden Käse in Scheiben

Für den Teig brauchst du:
225 g Vollkornmehl
25 g Margarine
15 g Hefe
1/2 Tasse entrahmte Milch
1 Teel. frisch gemahlenen Pfeffer

Lange bevor Columbus nach Amerika kam, hatten sich die Pizzabäcker im Steintal auf die kommende Jahrhundertinvasion vorbereitet. Aber sowohl eine Pizza, als auch Lasagne (siehe nächste Seite) waren etwas grober und gesünder als die, die wir heute kennen.

OH-LA-LA-LASAGNE

Das brauchst du:

250 g Lasagne-Blätter
50 g geriebenen Parmesan

Für die Fleischsoße:

250 g gehacktes Rindfleisch
3 Scheiben Räucherspeck, gewürfelt
1 Dose geschälte Tomaten
2 Eßl. Tomatenmark
3 Eßl. Olivenöl
1 gehackte Zwiebel
2-3 zerdrückte Knoblauchzehen
Salz und Pfeffer
Thymian und Oregano

Für die Béchamelsoße:

40 g Butter
4 Eßl. Mehl
1/2 l Milch
Salz und geriebenen Muskat

O ja, es gab viele große italienische Familien in der amerikanischen Steinzeit. Sie und ihre niedlichen Dinos aßen für ihr Leben gern wohlschmeckende, gewürzte Pastagerichte, z.B. Lasagne, wie sie nur eine richtige Mamma zubereiten kann.

Speck und Zwiebel im Öl andünsten.
Das Hackfleisch dazugeben und nach ein paar Minuten alle anderen Zutaten daruntermischen. Die Soße eine halbe Stunde leicht köcheln lassen.
Die Lasagne-Blätter werden in leicht gesalzenem Wasser 5 Minuten gekocht. (Auch, wenn auf der Packung „vorgekocht und gebrauchsfertig" steht.) Die Lasagne-Blätter in ein Sieb geben und unter kaltem Wasser abschrecken. So lassen sie sich leichter voneinander lösen. Breite sie auf einem sauberen Geschirrtuch aus. Den Backofen auf 200 °C vorheizen. Schmelze die Butter in einer Kasserolle und rühre das Mehl hinein. Unter ständigem Rühren die Milch dazugeben und die Béchamelsoße mit Salz und geriebener Muskatnuß abschmecken. Gieße so viel von der Soße in eine feuerfeste Form, daß der Boden gerade bedeckt ist. Darauf kommt eine Lage Lasagne-Blätter, dann eine Schicht Fleischsoße, eine Schicht Béchamelsoße, dann wieder Lasagne-Blätter usw. Die letzte Schicht ist Béchamelsoße, die mit geriebenem Parmesan bestreut wird. Backe die Lasagne ca. 1/2 Stunde bei 200 °C. Achte darauf, daß die Oberfläche nicht zu dunkel wird.

CHILI CON CARNE

TAGESGERICHT FÜR MÄNNER IM BÜFFELCLUB

Im Steinbüffelclub können Fred und Barney sich wie richtige Männer benehmen. Finden sie. Die Steinbüffel treffen sich einmal im Monat, und sobald sie ihre albernen Hüte aufsetzen, kommen sie sich sehr bedeutend vor. Die Mitglieder diskutieren gesellschaftliche Probleme und treffen wichtige Beschlüsse. Zum Beispiel, wer der Anführer beim nächsten Bowlingturnier wird, und wohin der nächste Ausflug gehen soll. Aber das Beste beim Steinbüffelclub ist das Essen. Es gibt immer das gleiche Gericht:
Chili con carne.
Das ist so richtig was für Männer!

Das brauchst du für 6 Personen:

1 kg Rindfleisch
1/4 kg Schweinefleisch
2 Dosen Bohnen in Tomatensoße
3 gehackte Zwiebeln
4 Knoblauchzehen
2 Dosen geschälte Tomaten
1 Paprikaschote in dünnen Streifen
2 Eßl. Öl oder Margarine
1/2 l Fleischbrühe
2 Eßl. Tomatenmark
1 Eßl. Mehl
2 Eßl. Chilipulver (scharf)

Schneide das Fleisch in Würfel. Zusammen mit den Zwiebeln und dem Knoblauch im Fett anbraten. Gieße die Fleischbrühe dazu und lasse alles zugedeckt 1/2 Stunde köcheln. Mit einer Tasse ein wenig Fleischbrühe herausnehmen, Mehl und Chilipulver darin verrühren. Zusammen mit Tomatenmark, geschälten Tomaten und Paprika in den Topf zurückgeben. Das Gericht bei schwacher Hitze eine halbe Stunde weiterköcheln lassen, bis das Fleisch weich ist. Die Bohnen dazugeben und erhitzen. Mit Salz, Pfeffer und evtl. etwas Oregano abschmecken.

Langschwanzaffen waren sehr beliebte und hilfsbereite Haustiere bei den Steinzeitmenschen. Sie waren richtig „kegelig“.

HÄHNCHEN

EIN BELIEBTES GERICHT SCHON IN DER STEINZEIT

Damals nannte man ihn sicherlich Flugsaurier, aber der Vogel ist im großen und ganzen der gleiche. Die Vögel sind in unserer Zeit die einzigen Tiere, die noch den gleichen Knochenbau haben wie ursprünglich die Dinosaurier.
In der Steinzeit waren sie richtig zahm, und Barney und Betty hatten häufig Glück mit ihrem Hühnerhof im Garten.

Hier sind zwei von Bettys Lieblings-Rezepten. Sie sind für 6 Personen berechnet, denn die Hähnchen waren damals sehr groß. Aber wenn du eine Poularde nimmst, müßte das Gericht für 6 Personen reichen.

HÄHNCHEN MIT KIESEL (ERDNÜSSEN)

Das brauchst du:

1 große Poularde
1 Tasse Erdnüsse
2 Scheiben trockenes Weißbrot
75 g Butter
3 Eßl. Öl
1 Teel. Paprika
1 Teel. zerstoßener Ingwer
1 Prise Cayennepfeffer

Backofen auf 200 °C vorheizen. Paprika, Cayennepfeffer und Ingwer mit dem Öl verrühren. 1/2 Tasse Erdnüsse im Mixer oder mit der Gewürzmühle zerkleinern und die Hälfte davon dazugeben. Das Hähnchen mit Salz und Pfeffer einreiben. Anschließend mit der Nüsse-Öl-Mischung bestreichen. Ca. 1 1/2 Stunden braten. Den Rest der gemahlenen Erdnüsse mit der Butter vermischen. Das Weißbrot in Dreiecke schneiden und mit der Erdnußbutter bestreichen. Kurz vor dem Servieren legst du das Brot ein paar Minuten in den Backofen, bis die Erdnußbutter braun ist. Den Rest der Erdnüsse goldbraun rösten und über das Hähnchen streuen, das am Tisch zerlegt wird.

HÄHNCHEN IM BLÄTTERTEIG

Das brauchst du:

375 g tiefgefrorenen Blätterteig

Milch zum Bestreichen

250 g gekochtes und gehacktes Hähnchenfleisch

2 Scheiben mageren Räucherspeck

200 ml Gemüsebrühe

1 geriebene Kartoffel

1 Eßl. gehackte Petersilie

Speck in winzige Stückchen schneiden und goldbraun rösten. Abtropfen lassen und mit dem Hähnchenfleisch und den anderen Zutaten vermengen. Den Teig auf dem Tisch dünn ausrollen und sechs runde Stücke mit einem Glas ausstechen. Die abgekühlte Füllung wird auf die eine Hälfte des Kreises gelegt, die andere Hälfte darübergeklappt. Die Kanten fest zusammenpressen. Mit Milch bestreichen und bei 220 °C eine knappe halbe Stunde backen oder bis der Teig schön hellbraun ist.

STEINZEITRIPPCHEN

Das beliebteste Alltagsgericht gibt es in unzähligen Variationen in den Restaurants im Steintal. Und jeder bevorzugt ein bestimmtes. Hier ist eins der populärsten.

DIE SÜSSEN

Dafür brauchst du:

1 1/2 kg Schweinerippenbraten ohne Schwarte
Salz und Pfeffer
2 Eßl. flüssigen Honig
2 Eßl. Öl
1 Eßl. Sojasoße
1/2 Teel. zerstoßenen Ingwer
1/2 Teel. Senfpulver

Das Fleisch mit Salz und Pfeffer einreiben und in eine feuerfeste Form legen. Die restlichen Zutaten werden gründlich vermischt und der Braten damit bestrichen. Bei 175 °C eine gute Stunde braten. Das Fleisch ca. alle 10 Minuten mit der Soße bestreichen und den fertigen Braten entlang der Rippen aufschneiden.
Für die Soße den Bratenfond mit etwas Fleischbrühe loskochen.

DIE SCHARFEN

Dafür brauchst du:

1 1/2 kg Schweinerippenbraten ohne Schwarte
1 Dose geschälte Tomaten ohne Saft
1 gehackte Zwiebel
2 zerdrückte Knoblauchzehen
4 Eßl. Ketchup
3 Eßl. Worcestershire Sauce
2 Eßl. braunen Zucker
Salz und Pfeffer
3-4 Tropfen Tabascosauce

Backofen auf 225 °C vorheizen. Etwas Wasser in die Auffangpfanne geben, und das Fleisch auf den Rost legen. 1/2 Stunde braten, dann ist der größte Teil des Fetts ausgebraten. Inzwischen das Öl in einer Kasserolle erhitzen, Zwiebel und Knoblauch darin glasig dünsten, und dann die restlichen Zutaten darunterrühren. Die Tomaten evtl. mit einer Gabel zerdrücken.

Jetzt den Backofen auf 180 °C zurückdrehen und die Auffangpfanne ausleeren. Lege das Fleisch direkt in die Pfanne und gieße die Tomatensoße darüber. Das Fleisch 1 Stunde braten und alle 10 Minuten mit der Tomatensoße aus der Pfanne begießen. Wenn die Soße zu dick wird, mit etwas Wasser verdünnen.

Grüner Salat und gebackene Kartoffeln passen zu allen Variationen von Steinzeit-Rippenbraten.

WILDSCHWEINREZEPTE AUS DER STEINZEIT

In den Wäldern um das Steintal wimmelte es von Wildschweinen. Und in der Jagdsaison konnte eine vernünftige Hausfrau jederzeit günstige Angebote beim Metzger finden. Das Fleisch war billig, und die Kunst bestand darin, es so zuzubereiten, daß ein schwer arbeitender Mann immer wieder ein anderes kulinarisches Erlebnis vorgesetzt bekam. Hier sind 3 der besten Rezepte aus Wilmas Sammlung:

SCHWEINEKOTELETTS MIT FÜLLUNG

Das brauchst du:
4 dicke Schweinekoteletts
500 g Stangensellerie
200 g Hüttenkäse
75 g geschälte Mandeln
50 g mageren Räucherspeck
2 Eßl. Öl
1 Bund Petersilie
frisch gemahlenen Pfeffer

Schneide mit einem scharfen Messer eine 4-5 cm große Öffnung in die Seite der Koteletts. Den Speck in kleine Würfel schneiden und in dem Öl knusprig braten. Speck herausnehmen, aber das Fett in der Pfanne lassen. Stangensellerie waschen, in kleine Stücke schneiden und 10 Minuten kochen.

Den Hüttenkäse mit 4 Eßl. Wasser verrühren und mit den grob gehackten Mandeln und dem fein geschnittenen Schnittlauch mischen. Mit Salz und Pfeffer abschmecken. Würze die Koteletts mit Pfeffer und fülle sie mit der Hüttenkäse-Mischung.

Brate die Koteletts 5 Minuten auf jeder Seite in dem Fett in der Pfanne. Beim Wenden aufpassen, daß die Füllung nicht herausfällt. Den Sellerie und die Speckwürfel in der Pfanne aufwärmen. Serviere das Gericht mit kleinen, in Butter geschwenkten Kartoffeln oder Reis.

Die Steinzeitmenschen hatten Sinn fürs Praktische. Die großen Wildschweine wurden geschlachtet und die kleinen großgezogen. Sie paßten nämlich genau in den Raum unter der Küchenspüle.

SCHWEINEKAMM
IN RAHMSOSSE

Das brauchst du:
1 kg Schweinekamm (Gewicht ohne Schwarte)
50 g Butter
3/4 l Schlagsahne
2 Zwiebeln
1 Mohrrübe
1 Stange Lauch
1 Teel. getrocknete Kräuter (z. B. Salbei, Rosmarin, Thymian oder eine Kräutermischung)
2 Lorbeerblätter
2 Teel. Senf
Salz und frisch gemahlenen Pfeffer

Zwiebeln, Mohrrübe und Lauch fein hacken. Das Fleisch mit Salz und Pfeffer einreiben. Das Fleisch zusammen mit dem Gemüse in heißer Butter rundum gleichmäßig anbraten. Dann Kräutermischung und Schlagsahne dazugeben und das Gericht zugedeckt bei schwacher Hitze ca. 1 Stunde köcheln lassen. Schneide das Fleisch in der Mitte leicht ein, wenn du nicht ganz sicher bist, ob es gar ist. Lasse die Soße ein wenig einkochen und schmecke sie mit Senf, Salz und Pfeffer ab. Serviere das Fleisch mit gedämpften grünen Bohnen oder Knoblauchbrot.

SCHWEINEFILET
MIT GEBRATENEN CURRY-ÄPFELN

Wasche die Äpfel und entferne die Kerngehäuse. Vermische die Hälfte der Butter mit Curry und fülle damit die Äpfel. Setze die Äpfel in eine gefettete, feuerfeste Form und brate sie 20 Minuten bei 225 °C. Lasse den Rest der Butter in einer Pfanne braun werden, würze die Schweinefiletstücke mit Salz und Pfeffer und brate sie ein paar Minuten auf beiden Seiten. Nimm das Fleisch aus der Pfanne und gib die Sahne und den Senf hinein. Schmecke mit Curry ab. Lasse die Soße ein paar Minuten kochen, dann das Fleisch kurz zum Aufwärmen hineinlegen. Richte das Fleisch portionsweise mit Reis auf den Tellern an.

Das brauchst du:
- 1 ganzes Schweinefilet, in 8 Stücke geschnitten
- 8 grüne Äpfel
- 1/4 l Schlagsahne
- 2 Eßl. Senf
- 5 Eßl. Butter
- Salz und grob gemahlenen Pfeffer
- 1 Teel. scharfen Curry

Barneys Steaks

Außer 4 Steaks brauchst du:

1/2 Tasse fein gehackte grüne Pfefferkörner (schwarze sind zu scharf und würden den Fleischgeschmack zerstören)

Butter zum Braten

1/4 l Bratensaft (1 Würfel)

100 ml Crème fraîche

Einfach und lecker! So muß es sein, wenn Barney und Betty ihre Nachbarn zum Essen einladen. Und diese Pfeffersteaks lassen sich ganz leicht zubereiten und schmecken lecker. Barney darf sie flambieren, denn er ist schon erwachsen!

Normalerweise nimmt man Rinder- oder Schweinefilet. Aber es geht auch mit nicht ganz so teurem Fleisch. Die Steaks müssen dick sein und pro Stück ca. 200 g wiegen. Das Fleisch mit Küchenpapier trockentupfen, mit den gehackten Pfefferkörnern einreiben und in der heißen Butter auf beiden Seiten ein paar Minuten braten, bis sie außen kroß und innen zart sind. Die Steaks auf vorgewärmten Tellern anrichten. Crème fraîche, Fleischbrühe und Bratensaft in der Pfanne aufkochen. Wenn die Soße die richtige Konsistenz hat, über die Steaks verteilen. Als Zubehör serviert Betty große, von Hand geschnittene Pommes frites.

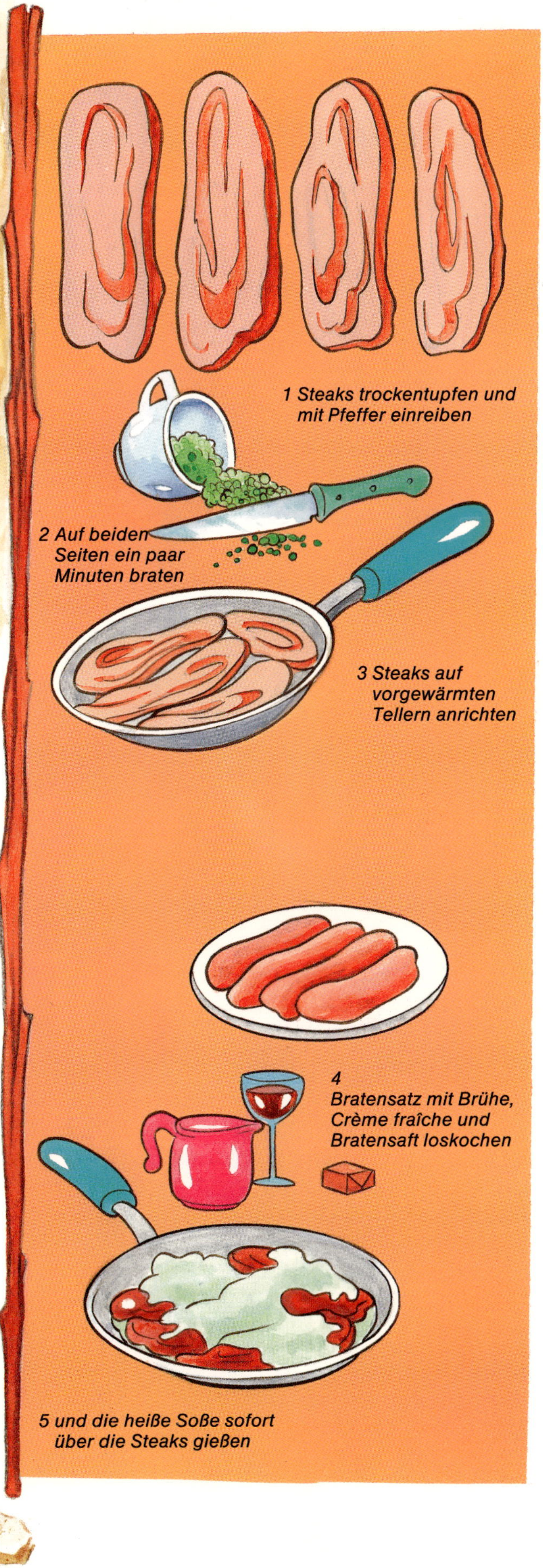

SAURIERSTEAKS

MIT KARTOFFELSCHNITZEN

Wenn Fred endlich mal einen freien Tag hat, genießt er zu Hause seine Rolle als Chefkoch am Grill. Wilma hackt das Gemüse, und die Nachbarn helfen bei der Gartenarbeit mit. Eine richtige Idylle!

Das brauchst du:

4 T-Bone-Steaks, 2 cm dick

16-20 mittelgroße Kartoffeln

Öl

Ketchup

1 Knoblauchzehe

1 Teel. Chilipulver

Dazu passen Erbsen, Bohnen oder Mais. Du kannst auch Knoblauchbrot dazu servieren, das auf dem Grillrost aufgewärmt wird.

Heutzutage bekommt man leider keine großen, saftigen Saueriersteaks mehr, aber die sogenannten T-Bone-Steaks schmecken auch nicht übel. Sie eignen sich hervorragend zum Grillen. Die Steaks sollten ca. 2 cm dick sein und werden erst in der Pfanne scharf angebraten, bevor man sie auf den Grillrost legt. Dadurch werden die Poren geschlossen, und der Fleischsaft kann nicht auslaufen. Die vorgebratenen Steaks werden mit Grillsoße bestrichen (eine Mischung aus Öl, Ketchup, Knoblauch und Chilipulver) und 3-4 Minuten auf jeder Seite gegrillt.

Die Kartoffelschnitze hat Fred schon vorher gebacken. Berechne pro Person 4-5 mittelgroße Kartoffeln. Schrubbe sie mit einer Bürste sauber – nicht schälen! Schneide sie in schmale Schnitze und lege diese in eine feuerfeste Form. Bestreiche die Kartoffelschnitze mit der gleichen Grillsoße wie die Steaks und backe sie in der Mitte des Backofens 1 1/2 Stunden bei 200 °C.

GEBACKENE BANANEN

Ein leckeres, einfaches und schnelles Dessert, das man natürlich auch mit gewöhnlicher Schokoladen soße servieren kann. Aber nachdem die Kinder im Kindergarten den ganzen Tag mit Kastanien gespielt hatten, wollte Wilma ihnen zeigen, daß es auch welche gibt, die man essen kann. Warnung! Wenn du keine Küchenmaschine hast, die so brutal wie die von Wilma ist, raten wir dir, eine zu kaufen.

Für 6 Portionen brauchst du:
6 große Bananen
225 g Kastanienpüree (Dose)
3 Eßl. Apfelsinensaft
1 Eßl. Zitronensaft
Geriebene Apfelsinenschale
50 g braunen Zucker

Lege die Bananen in eine Backform und backe sie bei 180 °C 20 Minuten, oder bis die Schalen schwarz sind. Schäle die Bananen und richte sie vorsichtig auf einer Platte an. Alle Zutaten für die Soße werden im Wasserbad erhitzt. Sie dürfen nicht kochen. Du kannst die Soße getrennt zu den Bananen servieren, aber hübscher sieht es aus, wenn du sie gleich darübergießt.

FREDS BOWLINGKUGEL

EINE ECHTE KALORIENBOMBE

Koche die Schokolade zusammen mit der Sahne und lasse sie abkühlen. Butter, Puderzucker und die Eigelb verrühren, danach Mehl und Hirschhornsalz dazugeben. Wenn die Schokomasse kalt ist, die Sahnemasse daruntermengen und zum Schluß die steifgeschlagenen Eiweiß vorsichtig unterheben.

Fülle den Teig in eine runde, tiefe und gut eingefettete feuerfeste Form. Backe den Kuchen gut 1 Stunde bei 175 °C: Die erste halbe Stunde in der Mitte des Backofens, die zweite halbe Stunde auf der obersten Schiene. Bis zum nächsten Tag kalt stellen, dann vorsichtig auf eine Kuchenplatte stürzen. Jetzt kannst du die drei Löcher in den Teig bohren oder den Kuchen ganz nach Belieben verzieren.

Das brauchst du:

125 g dunkle Schokolade
250 ml Kaffeesahne
125 g Butter
250 g Puderzucker
4 Eigelb
4 steifgeschlagene Eiweiß
150 g Mehl
1 Teel. Hirschhornsalz
Butter oder Margarine für die Backform

Dieses Rezept hat Wilma seit damals aufbewahrt, als Fred sein erstes Bowlingturnier gewann. Eigentlich ist es ein richtig leckerer Schokoladekuchen, der wie eine Torte aussehen sollte, aber da sie eine Backform verwendet, die die Form einer Halbkugel hat, sieht der Kuchen entsprechend aus, und Fred darf mit den Fingern drei Löcher hineinbohren – nachdem er sich die Hände gewaschen hat!

WILMAS APFELTORTE

Der berühmte amerikanische „Applepie" wurde bereits in der Steinzeit erfunden. Nach einer besonders ertragreichen Apfelernte hatte Wilma für ihre eigene Familie und für ihre Freunde nebenan schon viele glasierte Äpfel gemacht (siehe Seite 45). Ich versuche, sie in einen Teig zu packen und im Ofen zu backen, dachte sie.

Wilmas Rezept ist berechnet für 6 Personen.

Du brauchst dafür:

175 g Mehl
125 g Butter
4 Eßl. kaltes Wasser
Eiweiß zum Bestreichen

Für die Creme brauchst du:

2 Eigelb
2 Eßl. Zucker
2 Teel. Mondamin
200 ml Sahne
6-7 mittelgroße Äpfel zum Füllen

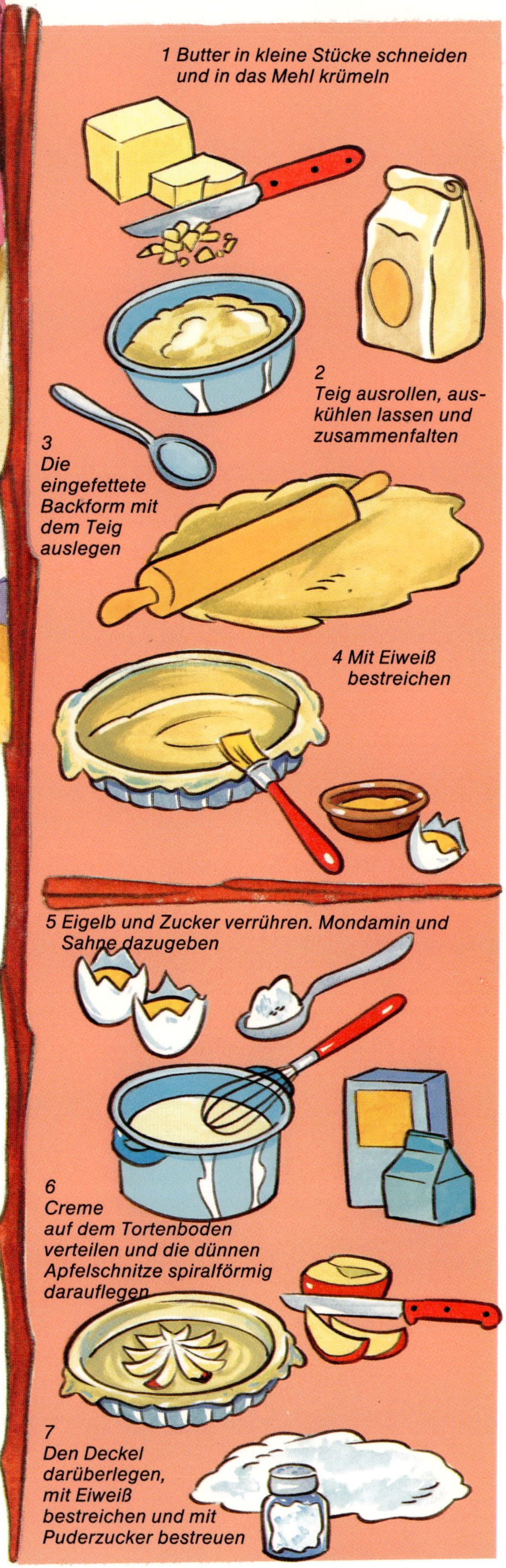

Schneide die Butter in kleine Stücke, zerkrümle sie in das Mehl und verknete alles mit dem kalten Wasser. Eine halbe Stunde kühl stellen, dann den Teig ausrollen und zu drei Lagen falten. Bis zum nächsten Tag kühl stellen. Rolle den Teig aus und schneide 1/3 davon ab. Das brauchst du später für den Deckel. Eine Tortenform einfetten und mit den 2/3 des Teigs so auslegen, daß er ein wenig über den Rand der Form überlappt. Die Kante und den Boden mit Eiweiß bestreichen. 1/2 Stunde auskühlen lassen. Danach wird der Tortenboden 10 Minuten bei 225 °C vorgebacken. Eigelb und Zucker in einer Schüssel mit dem Schneebesen verrühren. Mondamin und Sahne unter ständigem Rühren dazugeben. Die Creme einen Moment kochen lassen, dann vom Herd nehmen. Halbiere die Äpfel, entferne die Kerngehäuse und schneide die Äpfel in dünne Schnitze. Verteile die Creme auf dem Tortenboden und lege die Apfelschnitzel schichtweise von der Mitte der Form aus spiralförmig darauf. Der Rest des Teigs wird darübergelegt, mit Eiweiß bestrichen und mit einer dünnen Schicht Puderzucker bestreut. Die Torte in der Mitte des Backofens 35 Minuten bei 225 °C backen. Lauwarm mit Schlagsahne, Crème fraîche oder Vanilleeis servieren.

BETTYS KEKSE

„Wie bringe ich Barney nur dazu, daß er ins Haus kommt und mir hilft?" seufzte Betty.
„Du mußt ihm einfach etwas Leckeres vorsetzen", sagte Wilma. „Bei Fred ist das kein Problem. Ich öffne einfach das Fenster und rufe STEAKS!"
„Aber Barney mag lieber Süßes – jetzt weiß ich, was ich mache."
Und so öffnete sie das Fenster und rief: „KEKSE!"
Und das wirkte. Barney stürmte in die Küche.
„Wo? Wann?" rief er.
„Wenn du mit dem Abwasch fertig bist, mein Freund", sagte Betty. Und dann fing sie an.
Hier ist Bettys Rezept für „KEKSE". Es ist ein Grundteig, den man unendlich variieren kann. Zum Beispiel kann man ein wenig Sirup oder Honig hinzufügen, aber dann nimmt man etwas weniger Zucker und Backpulver.

Du brauchst dafür:

225 g Mehl
25 g Margarine
150 ml Joghurt
2 1/2 Eßl. Backpulver
1 Eßl. Zucker

Mehl, Backpulver, Zucker und die zerkrümelte Margarine in einer Schüssel vermischen. Mit Joghurt zu einem weichen Teig verarbeiten und diesen 4 cm dick ausrollen. Wenn du die Kekse mit einem Glas (Durchmesser 5 cm) ausstichst, erhältst du ca. 20 Stück. Bei 230 °C ca. 10 Minuten backen. Die Kekse sind fertig, wenn sie aufgegangen und goldbraun sind.

TÖRTCHEN
MIT ROSINEN UND KAROTTEN

Barney ist nicht so scharf auf Gemüse, Obst, grobes Brot und andere gesunde Dinge. Aber er liebt alle Arten von Kuchen und ganz besonders Bettys „Törtchen", da er nicht weiß, aus welchen Zutaten sie bestehen.

Besorge dir als erstes genügend kleine Törtchenformen aus Alufolie oder Backpapier.

Das brauchst du für 18 Törtchen:

175 g Mehl
250 g grob geriebene Karotten
2 Eier
2 Teel. Backpulver
1 Teel. Zimt
60 g Rosinen
150 ml Honig
150 ml Öl

Eier, Honig, Öl und geriebene Karotten miteinander vermengen. Mehl, Backpulver, Zimt und Rosinen dazugeben und alles gut mit einer Gabel oder dem Schneebesen verrühren.
Die kleinen Backförmchen bis zu 2/3 füllen und die Törtchen 20 Minuten bei 180 °C backen. Vor dem Servieren auf einem Rost abkühlen lassen.

MOHRRÜBENKUCHEN

MIT SCHMELZKÄSE UND WALNÜSSEN

Das ist Bettys eigenes Rezept. Der Kuchen reicht für 7-8 Personen.

Das brauchst du:

175 g geriebene Mohrrüben
175 g Mehl
100 g Zucker
100 g Margarine
100 g gehackte Walnüsse
50 g Rosinen
2 Eier
1 Apfelsine
1 Teel. Zimt
1 Teel. Backpulver
225 g neutralen Schmelzkäse
2 Eßl. Apfelsinensaft
2 Eßl. Puderzucker
Halbierte Walnüsse zum Verzieren

Du brauchst eine Springform, Durchmesser ca. 18 cm, Höhe 7-8 cm. Belege den Boden mit einem runden Stück Backpapier. Die Innenseite der Backform einfetten. Gib die geriebenen Mohrrüben in eine Schüssel und dazu das Mehl, Margarine, Backpulver und Zimt. Alles gut miteinander vermischen. Jetzt die Eier, die gehackten Walnüsse und die Rosinen dazugeben. Wenn die Masse gut zusammenhält, die geriebene Schale einer Apfelsine darüberstreuen. Verteile den Teig gleichmäßig in der Form und backe den Kuchen bei 160 °C 1 1/2 Stunden.

Unterdessen den Schmelzkäse in einer Schüssel mit Puderzucker und Apfelsinensaft gründlich verrühren, damit der Käse richtig weich wird.

Den Kuchen vorsichtig auf einen Rost stürzen. Wenn er ausgekühlt ist, glasierst du ihn mit einem Streichmesser und verzierst ihn mit den halben Walnüssen.

Mit diesem Rezept gewann Betty den ersten Preis bei dem großen Backwettbewerb auf dem Jahrmarkt im Steintal. Gewiß war ein Mohrrübenkuchen nichts Neues in der Steinzeit, aber der Schiedsrichter war hellauf begeistert von Bettys Idee, die Glasur mit Schmelzkäse und Apfelsinensaft zu verfeinern. Ein großes Lob bekam sie auch, weil ihr Kuchen billig und einfach zu machen ist.

ROGGENKEKSE

FÜR DEN KLEINEN HUNGER ZWISCHEN DEN MAHLZEITEN

Schmelze die Margarine in einem Topf und gieße die Milch dazu. Sie muß lauwarm sein, bevor du die Hefe darin auflösen kannst. Nach und nach Zucker und Mehl dazugeben. Den Teig kneten. Wenn er ganz glatt ist, das Hirschhornsalz hinzufügen. Lasse ihn ca. 15 Minuten gehen, bevor du ihn zu einer dünnen Platte ausrollst. Teile diese in 2 oder 3 Stücke, wenn du Platzprobleme hast. Schneide viereckige Kekse aus und steche sie mit einer Gabel ein. Lege sie auf ein gefettetes Backblech und lasse sie noch einmal 15 Minuten gehen. Bestreiche sie mit Wasser und bestreue sie mit grobem Salz. Backzeit ca. 15 Minuten bei 175 °C.

Das brauchst du für 50-60 Stück:

500 g Roggenmehl
100 g Margarine
250 ml Milch
2 Teel. Zucker
50 g Hefe
1/2 Teel. Hirschhornsalz
Grobes Salz zum Bestreuen

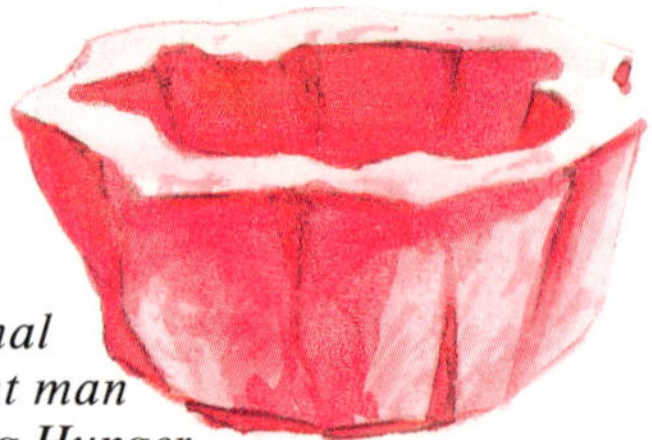

Manchmal bekommt man ein wenig Hunger zwischen den Mahlzeiten. Besonders Fred. Und dann sollte es ja möglichst etwas Gesundes sein. Deshalb hat Wilma immer selbstgebackene Roggenkekse in ihrer Keksdose.

Knoblauchbaguette

Knoblauchbaguette ist eine leckere Beilage zu Gerichten aus Rindfleisch. Hol dir ein frisches Baguette beim Bäcker und mache es wie Wilma.

Den Backofen auf 200 °C vorheizen. Butter in einer Schüssel weich werden lassen. Knoblauch pressen und mit der Petersilie und Butter vermischen. Brot in 10 Stücke schneiden und auf beiden Seiten mit der Knoblauchbutter bestreichen. Alle Brotscheiben wieder zu einem ganzen Baguette zusammendrücken und in Alufolie einpacken. 10 Minuten im Rohr aufbacken und sofort servieren.

Für ein Baguette brauchst du:

50 g Butter
1 Knoblauchzehe
1 Eßl. gehackte Petersilie

SAURUSBURGER

UND HOT-DOG-BRÖTCHEN WIE IN DER STEINZEIT

Schon in der Steinzeit waren Hamburger und Hot dogs die beliebtesten Gerichte bei Kindergeburtstagen. Wilma fand schnell heraus, daß sie Zeit sparen konnte, wenn sie zweierlei Brötchen aus dem gleichen Teig machte. Runde für die Hamburger und längliche für die Hot dogs. Die Kinder liebten ihre Brötchen. Sie waren die besten im ganzen Steintal, sagten sie. Wilmas Geheimnis dabei waren die gebratenen Zwiebeln.

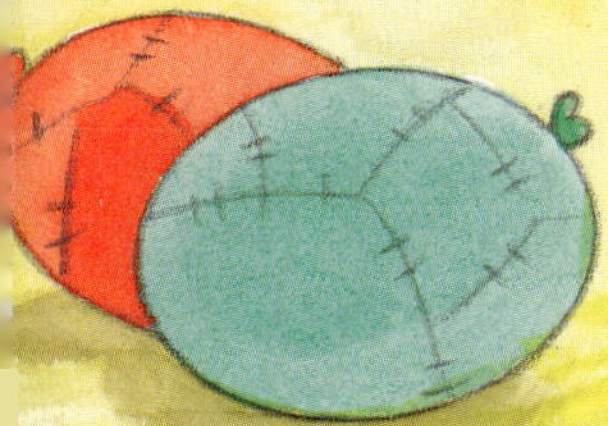

Das brauchst du für ca. 35 Brötchen:

850 g Mehl
75 g Hefe
25 g Butter
1/2 l Magermilch
50 g gebratene Zwiebel
2 Teel. Zucker
1 Teel. Salz

Schmelze die Butter in einem Topf, gieße die Milch dazu und löse die Hefe darin auf, wenn die Mischung lauwarm ist. Salz, Zucker, Mehl und Zwiebel dazugeben und den Teig gut durchkneten. 10 Minuten ruhen lassen, dann noch einmal durchkneten und 1 cm dick ausrollen. Forme aus dem Teig runde oder längliche Brötchen. Lasse sie auf einem gefetteten Backblech 15 Minuten gehen. Bei 225 °C 8-10 Minuten backen.

MARSHMALLOWS

Die Amerikaner sitzen gern gemütlich um ein großes Lagerfeuer. Schon in der Steinzeit kamen einige auf die Idee, daß die Kinder mit einem Stöckchen in der Hand vor dem Kaminfeuer sitzen sollten. Auf der Spitze des Stöckchens saß ein geheimnisvoller Teig aus Vanille, Eiweiß, Maissirup und Zucker! MJAM! Wilma versuchte nur einmal, ihn selbst zu machen, aber hinterher war die ganze Küche voll von dem klebrigen Zeug. Seither kauft sie Marshmallows in Tüten bei dem Kiosk auf dem Marktplatz vom Steintal. Heute bekommt man sie im Supermarkt oder in einem Süßwarenladen. Versuch, ob du welche finden kannst.

Steinzeitpopcorn

Erhitze das Öl in einem Topf ca. 2 Minuten bei mittlerer Hitze. Maiskörner dazugeben und Deckel auf den Topf legen. Kochplatte auf die höchste Stufe stellen, bis die Maiskörner anfangen zu „poppen“. Auf die niedrigste Stufe zurückdrehen, und den Topf so lange schütteln, bis sich darin nichts mehr „rührt“. Deckel abnehmen, Zucker über das Popcorn streuen. Mit einem Kochlöffel 1-2 Minuten umrühren, bis der Zucker geschmolzen und braun ist. Schütte das Popcorn in eine Schüssel und lasse es auskühlen. Evtl. Rosinen oder Nüsse daruntermischen.
Den Topf sofort mit kaltem Wasser ausspülen, damit der Zucker nicht zu sehr darin festklebt.

Das brauchst du:

- **4 Eßl. Maiskörner**
- **4 Eßl. Pflanzenöl**
- **4 Eßl. Zucker**

Glasierte Äpfel

Für 4 Stück brauchst du:

- **4 rote Äpfel**
- **225 g Zucker**
- **150 ml Wasser**
- **4 spitze Holzstöckchen oder Schaschlikspieße**

Die Äpfel waschen, abtrocknen und blank polieren. Stecke ein Stöckchen so in das Kerngehäuse, daß der Apfel ganz fest sitzt. Stelle die Äpfel auf ein Stück Küchenpapier. Löse den Zucker bei mittlerer Hitze unter Umrühren in dem Wasser auf. Voll aufdrehen und das Zuckerwasser zum Kochen bringen. Diesen Sirup nicht mehr umrühren! Stelle die Kochplatte auf die niedrigste Stufe und beobachte den Farbwechsel des Sirups. Erst wird er braun und danach goldfarben. Herd ausschalten und die Äpfel schnell in den Karamel tauchen. Halte die Kasserolle ein wenig schräg, damit die Äpfel ganz bedeckt werden. Lasse sie über dem Topf abtropfen und stelle sie zurück auf das Küchenpapier, bis sie kalt und hart sind.

Übersetzung: Gudrun Smed · Lektorat: Michael Czernich
Satz: FIBO-Lichtsatz GmbH, München · Druck: Nørhaven, Viborg, Dänemark
ISBN: 3-505-10298-9